어떤 날의 기도

어떤 날의 기도

황인수 시집

두엄

시인의 말

언(言) 토(土) 촌(寸)
시(詩)라는 한자를 구성하는 모양 자(字)들이다.
말씀 언(言) 흙 토(土) 마디 촌(寸) 즉 '말'이 된 '흙 마디'
'한 줌 흙'에서 싹 틔운 말을 '시(詩)'라 이름한다.

'한 줌 흙'이라는 마음 밭은 절(寺)이라 쓰고 근원을 찾는데, 그 '마음 밭'에서 싹 틔운 말을 시(詩)라 갈무리하자. 하여 저녁 즈음에서야 마음 밭을 돌아보는 초로이지만 청춘을 고집하며 한 줌 흙 속을 헤적여 본다. 무슨 씨앗이라도 찾을 수 있으려니 하고 빈 들로 향한다.

과거 소년의 눈에는 언제나 '빈 들'이 가득했다. 어린 시절 '집 밖'을 나서는 이유였다. 멀리 끝 선을 말아 올린 둑방을 향해 달리면 옹알이 가슴 풀어내는 작은 물가에 닿고 바짓가랑이 적셔 맨발 위까지 차오른 마음을 자전거 페달 위에 놓고 밟으면 어느새 어른이 되었다.

갈대 바람개비 꽂고 보리밭 들길을 달리면 하늘바람 올라탄 손오공이 되고 저승사자조차 퇴치하는 정의의 사도

였다. 어느 날 아침 댓바람부터 거친 세상 욕받이가 된 소년의 볼때기는 왠지 모르게 스치는 눈물로 범벅이 되고 성긴 세상 품어 안은 여인의 치맛바람에 들킬까? 냅다 달린 빈 논두렁 곳곳이 모두 소년의 의자였다. '엄니'의 한숨이 얼룩진 치맛자락이었다.

 햇살 비스듬히 뻘기 쇠기 전 달달 한 맛 길게 깔린 두렁마다 놀이터였고 학습장이었을 터, 힘줄 차오르기도 전에 맞닿은 회초리마다 울어버린 어린 살 갓 위로 남겨진 기억은 노동의 밧줄로 숙제가 된 채 그래도 농부의 아들이라 숨찬 콧노래가 신나게 논물 퍼 올리던 물방아(자세) 밟기 대신 한 그날의 종아리 근육 두께를 겨냥하게 할 줄이야!

 그렇게 다가온 들판에 눈 내리면 팔자로 펼쳐 눕고, 모포기 아랑곳없이 돼지 오줌보를 걷어차며 세상을 호령하였다. 수북한 눈더미 동굴 만들어 병정놀이 꼬마 대장이던 코흘리개 소맷자락에 누이의 미소가 겹치면 꾸중도 칭찬이 되던 고향이었다.

 그렇게 빈 들이 시작되었고 다시 빈 들이 그리워 돌아가는 마음 밭이다.

차례

시인의 말 · 04

1부
■

홍차 가게 · 13
나리포창 · 14
걸레질 · 16
아픈 날 · 17
하늘 · 18
우리 집 · 20
파리 · 21
내려놓습니다 · 22
두 겹 · 24
콘크리트 난간 · 26
정지 · 128
휴지(休紙) · 30
비어있는 들 · 32
등대 · 34
미세 먼지 · 36
하늘은 바닥이다 · 37
보잘것없는 자 · 38
야간비행 · 40
가난한 자 · 42
On line & Off line · 43

2부

■

중년 · 47

다름 · 48

구김 방지 · 50

일기 · 52

안식 · 54

착오(錯誤) · 56

병든 사회 · 58

언어기득권 · 60

우리 동네 · 62

어린 딸 · 64

자연 속에 · 66

바람꽃 · 68

政治 · 70

공기의 본질 · 71

환갑 · 72

사람이 사랑이다 · 73

늙은이의 기도 · 75

광야 · 78

아멘 · 80

겨울의 강 · 82

3부

■

죽음의 문제 · 85
성탄 예찬 · 86
비명(悲鳴) · 88
유월절 · 90
슬퍼하는 자, 복 있다 · 92
어떻게 살아야 하는가 · 94
창조 · 96
긍휼(矜恤) · 97
형상과 우상 · 98
저녁이 되고 아침이 되니 · 100
處暑 · 102
태초에 · 103
보시기에 참 좋았다 · 107
하나님 소유 · 108
하나님을 닮은 자 · 109
성령 충만은 말씀 충만 · 110
하늘의 소리 · 112
둔갑하다 · 114
어떤 날의 기도 · 116
살라 살아내라 : 生命 · 118

4부

■

핑계 · 121
개뿔 · 122
품꾼의 기도 · 124
온통 아픕니다 · 126
환갑을 맞으며 · 128
端(YHWH) · 130
복음 · 132
근원의 시간 · 133
春葉의 독립선언 · 134
살아보니 · 136
아파야 사람이다 · 138
그런 사람들 · 140
봄바람 · 142
좋은 날 · 143
오늘의 일 · 144
항아리에 물을 채워라 · 146
어머니 말씀 · 148
나리포 우체국 · 149
승천의 계절 · 150
四月의 아침 · 152

해설 · 나리포창에서 만난 예수 · 155

제1부

홍차 가게

너의 목소리

가냘픈 손목

힘껏 쥘 수 없는 향기로

말을 건넨다

한 모금 우려낸 호흡은 생각이다

눈빛을 마주하면 순박함이다

그림자마저
조마조마한 진심이다

발걸음마다
그윽함이 묻어나는

예배당이다

나리포창

이 사람아!
숨을 쉬고 살자

얼다 터져버린 강가

객기 부리다 무덤 파헤친
나는 불효자입니다

눈꽃이라는 이름도 아니었건만
제 몸 비벼 내어주고
석양 때면 날 울게 하더니

집 나간 아이를 찾아 나선 눈가에
묻은 석양이
빨갛게 그녀를 물들였지요
눈꽃이라는 예쁜 이름도 아닌데

나리포창 작은 처마 끝에 매달린
유년이면

얼음장 밑 숨소리

산을
강을
들을 하나로 만들어 덮는

눈꽃이라는 그녀
불효자는 홀로 서 있습니다

굴뚝을 들고 나는 일로
늘상 분주한
고향 없는 텃새

나리포창 눈꽃이 시들면
우뚝 서 있는
남자가 있습니다

걸레질

바닥을 닦는다

내가 흘려 더럽혀진 얼룩

밟아서 묻힌 오물을
엎드려 손걸레로 닦고
또 닦는다

허리도 오금도 저려오는데

그대로다

나의 바닥 끝내
그대로이다

아픈 날

울고 또 울고
이 땅에서
호흡을 같이함마저 버거워

둑방으로 오릅니다

후련한 욕설 한마디로
모두 잊을 수 있게

분통의 바다
애통의 강

누구의 이름일까요
씩씩해 보입니다

하늘

땅으로 빚어진 자
접니다

땅을 밟고 서 있는 자
접니다

땅으로 먹고사는 자도
접니다

배우고
어딘가를 늘 향하고
달려갑니다

땅 없이는 하늘이 없음을
알아차리기까지

제 머리는 희어졌네요

하늘에 보석을 쌓으라시던

하늘을 바닥으로 하고서야

땅을 밟고 서 있는 자
접니다

우리 집

'엄니' 부르며
들어가는 집이 우리 집이다

'엄니 내가 어른 되면 엄니헌티 잘허께'

'니 새끼 나서 니 새끼헌티나 잘혀라'

'엄니' 부르며
들어가는 집

'엄니' 대답이 없어도
우리 집이다

파리

잠시
앉은 자리가
내 목숨 자리다

날고 있는 공간은
무덤

거침없는 생이라 말하지 마라

짧은 생은 처음이라
열심히 난다
열심히

열심뿐이었던 생이라
말하지 마라

앉은 자리가
언제나 내 목숨이다

내려놓습니다

내려놓겠다는 마음까지도
내려놓는 남자는

어쨌든 살아질 겁니다

그냥 살아질 겁니다

느끼고 깨닫는다
이미 늦은 겁니다

내려놓겠다는 생각조차 없게
내려놓습니다

재밌다
즐겁다
기쁘다 느끼지도 않아지는

하늘의 존재로
하늘의 시간

오늘은 여기까지만

두 겹

흥청망청한 게 세상

헤픈 호기로
춤을 춘다

넌 참 화장도 곱구나
연지 곤지 갈아 바르고
정돈의 가면

넋을 잃고 침 흘리지 마라

얼없는 굴이
노래를 부른다

혼돈은 오히려 생기가 된다

초점을 놓치면
살아볼 만하다

살진 눈물을 넌 보았냐

콘크리트 난간

죄다 얼어붙은 아침
모닥불을 피운다

옹기종기 모여
화톳불에 손을 녹이던 아버지들
알바 앱을 보는 눈이 반짝인다 (모두 얼굴이 환하다)

노동자의 행복?
그게 뭘까

무거운 몸은 파스 몇 장 의지하고
얇아진 무르팍이 계단을 오른다

담배도 피지 말라네
와이프와 딸들은

저녁 시간 따뜻한 온기란 게 그립잖아
믹스커피 한 잔도
마시지 말라네 당뇨 생긴다

따뜻한 걱정

걸터앉은
차가운 콘크리트 난간이 편할 때는
하루 일이 모두 끝난 후

정류장엔
아빠와 아버지들

알바 앱을 보느라 모두 눈이 반짝인다 (얼굴이 환하다)

정지

정지라는 말을 아세요?
잠깐 멈추라는 말 아니지요

새벽
아침 솥을 열던
여자가 내 가슴에 묻혔습니다

들판이 거칠군요
노을이 검어지는 시간

찬장에 넣어 둔
시큼한 하루를 꺼내
저녁을 차리던 여자

찬밥 한 덩이 얹힌
소쿠리 시렁
허기진 한술 떠 넣으라
언제나 바쁘시던

한 여름날
가쁜 호흡
진한 땀 한 줄기
마다 안 하시던

어디 계세요?

잠자리 데우는
아궁이 재

늘 당신이 계시던
정지

휴지(休紙)

휴지는 죽는다

쉬는 종이
얼마나 예쁘고 편안해 보이는가!

하지만 휴지는 죽는다

저를 죽여 세상을 살린다고?
아! 너무 거창해

왼손이 하는 일을 오른손이 모르라고
닦아내고
지워내다 진짜 죽는다

상장은 세상 자랑일 거라고?
하하!

너는
휴지인가? 상장인가?

상장의 역사
휴지의 역사

너는 무엇이냐?

비어있는 들

이제
맨살로
쉬십시오

겨울도
가난도
아픔도

내려놓고
그냥 쉬십시오

조금이라도 더
이삭을 찾으랴

땀조차
흘리지 말고

맨살로

그냥 쉬십시오

구더기가
햇볕 기다리는 날마다

희망이라도 한 줌 있을 것 같죠?

그냥
쉬십시오

등대

차가운 밤바다에 나가 보았네

커다란
눈동자가 기억나네

그 사람은 누구를 기다리지도 않았고
누군가를 위하는 것 같지 않았네

사람들이 '아! 성실한 그 사람'
그랬네

외로워 보이지 않았네
쓸쓸해 보이지도 않았네

'순수'라는 화장지로 볼일을 마무리하다가

그 눈동자가 생각났네

불빛을

끄지 않는

파도 소리처럼 청량하던
그 눈동자를

미세 먼지

우리 공장 앞은 늘 뿌옇다

책상 옆 창문도
보도블록 옆 계란꽃도
실개천도 뿌옇다

마음 같아선
커다란 복수라도 하고 싶다

눈치 없는 계절은
어쩌자고 뭉개져서 왔는가

맑은 하늘이 사치가 되어버렸다

공장의 삶은
매일이 뿌옇다

하늘은 바닥이다

하늘에서 눈이 내린다
우리는 이렇게 얘기하는데

하늘 입장에선
눈이 하늘로 오르는 거잖아

눈이 사라진다
하늘로 사라진다

바닥이 보인다
길이 보인다
하루가 보인다

어쩌면
하늘은 바닥

보잘것없는 자

하늘도 무심하다

절실한
임마누엘

우리와 함께하시길

간절하게 바라는 마음

임마누엘 탄생을 고지하는
성경을 오늘도 읽습니다
그때도 하늘은 무심했고

영광의 나라에선
지극히 작은 자로 남게 하소서
'지극히 작은 자가 더 크다'라고 말씀하신

하늘이여
무심하지 마소서!

계집종의 소리

야간비행

밤새 해를 따라잡던
생떽쥐베리는 어느 곳에 별이 되었을까
잔뜩
졸음을 안고
떠오른다

아침이면 날개가 녹아내리는 곳
매일 밀랍을 굴려 기어오르다 보면
나는 남자
나는 아버지
나는 좋은 아저씨

숨차게 날아와
가없는 바다 위로
달과 별
서러운 형제

아침이면 어느새
뒤를 쫓아오는

서쪽 동쪽

가난한 자

아픈 사람
가을 같은 사람

누군가는 시원한 바람이라 부르는

배고픈 계절

고달픈 계절

물 한 모금 달게 마시는
행복한 자는

나를 어쩔 수 없이 쉬게 하시니
당신 없이 살 수 없게 하시니

결국 가난하게 하시니
고맙습니다

On line & Off line

언제부턴가 만들고
이름 지어
평가하고
추억을 남기려 애썼네

부팅하여
설정하고
작동하기
자동 기록되어도

나는야 초월세계를 꿈꾸는 자

주님!
열렸다 한들 닫혔다 한들
독 안에 든 쥐
손안에 든 손오공

당신의 세계입니다

제2부

중년

늦었을까?

게으른 청춘의
소망일까?

아침은 자연히
오는 게 아니더이다

아파도 행복하게 하소서
하나님 닮게 허락하셨으니
너그러운 자 되게 하소서

비밀이 있는 자 되게 하소서

멋진 신사는
성큼성큼 걸어옵니다

다름

밥벌이하는 자
밥값을 하는 자

뭐가 다른가?

수동과
능동

뭐가 다른가?

적극적인 사람이야!
저 사람 왜 저렇게 소극적이야

주님은 차별하지 않았네

차라리 와 그래도 처럼

벌써 와 아직도 처럼

주님!
다른 것은 없다 다르지 않다
하나다
세계가 하나다

말씀해 주십니다

구김 방지

정의라 쓰고
개 뿔!
'돈'이라 읽는다

양심이라 쓰고
얼어 죽을!
'내 맘'이라 읽는다

공평이라 쓰고
낯짝 두껍게!
'우리가 남이가!'라고 읽는다

노동이라 쓰고
적반하장!
'기득권'이라 읽는다

자유라 쓰고
멋대로!
'내편들기'라 읽는다

민주라 쓰고
개무시!
'멍충이들'이라 읽는다

'평화'라 쓰고
미쳐 날뛰는!
'사무라이 정신'이라 읽는다

새로 산 셔츠는 이미 알고 있었다
옆구리 텍에 적힌 구호 : 구김 방지

일기

견딜 수 없는 현실 없는 자 누구입니까?

너무나 가벼운 존재, 누구입니까?

나 자신을 사랑해야 하는 이유가 있습니까?

아무리 위로해 봐도
여전히 하찮은 자신을 발견할 때

생각은 느낌보다 고루해서
언제나 옷을 벗지 못합니다

생각하는 인간 유형 5%
스스로 생각하며 산다고 착각하는 인간 15%
생각은 복잡한 것으로 무시하는 인간 유형 80%
오늘의 신문이 쓴 일기입니다

나의 존재
이성적인 생각

그러고 보니
사랑하기엔 너무 초라하고 보잘것없습니다

구름 까맣게 덮인 하늘을 봅니다

잠시라도 나를 속이고 싶을 때
그 생각은 겨우 쓸모가 있습니다

하루만이라도

안식

있지도 않은 자식이 그리울 때면

세상이 미워진다

누구 하나 따뜻하게 품고 살지 못했습니다

춥고 외로운 인생을 탓하며 살았습니다

그래도 나를
믿어준 사람도 있는데
잠 못 드는 밤

날이 새면
일상은 너무 태연합니다

어디일까 무엇일까?
믿음의 끝을 헤아려 봅니다

애야 이제 그만 쉬어라

쉬고 내일 보자!
그러십니다

착오(錯誤)

잘못을 저지른 자
쉬게 하라
비겁하게 피하는 자
놔두거라

60갑자를 쓰는 나이
60갑자는 착오라고 써본다

과욕 과신 과장
과부족을 숨기고 유능한 체하다
숨 막히는 꼴이 되었노라

이상도 이하도 아닌
자기답게 살거라

사람이 먼저라고
따라 외치는 자 앞에서

왜 사람답게 살지 못하는가?

돌고 돌아온 나이에
60갑자는 착오라고 써본다

병든 사회

인권 자연권 동물권
창조된 세상을 동등하게 여기지 않는 법의 사회를 본다

성문법 불문법
그 안에도 속하지 않는 법
불균형을 정당화하고 불공정을 고착시키는 무기
제게도 있습니다

신의 존재를 초월하려는 사람들의 오류
산과 들과 강과 바다, 공기에게도 법적 권리를 인정해야 한다며
슬로건을 내걸다가
어느새 신의 창조성을 순종하는 자세가 됩니다

기득권이라는 병에 걸린 인간 사회
로열패밀리로 살면서
죄의식마저 노블레스 오블리주 의식으로 상쇄시켜 살면서

꼼수로 체질화된 인간
우월감을 정당화하는 인간
평화라는 무기는 얼마나 잔인한 희생을 강요하는지
그가 저라는 사실을 부인하지 못합니다

십자가만이 신의 한 수

병든 이곳이
저라는 사실을 부인하지 못합니다

언어기득권

바벨탑을 쌓아 올립니다

하나님은 언어를 흩어놓습니다
인간의 욕심 채우기는
한이 없어서

언어를 흩으셨습니다

언어는 인간이 만들었습니다
하나님은 인간에게 필요한 도구로
언어를 창조하신 일은 없습니다

바벨탑과 과학과 문명
어느새 우리는
하나님 창조세계를 농락합니다

자연을 훼손하고
자기 것으로 만들어버린 지 오래

돌이켜야 합니다
회개해야 합니다

천국이 가까웠다
하십니다

우리 동네

60여 년
어떤 세월을 돌아봐도
모두가 처음인데

어느 날
물이 빠져나간 벌판

산 높이만큼이나
올라선 나무

마을 어귀
이름 없는 풀 포기에
아들아, 딸아
그 이름만 맺힌다

장마철 늦은 맞바람이
끈적인다

다시

너른 들녘뿐인
우리 동네

어린 딸

금계 화
당상 복 차려입고
질 나래비 선 나리포창

구휼미 아픈 사정을 이젠 다 잊었어라

배 띄워 보내던 나라님
사연도
세도 부리던 시절마저

이제는 변심한 정자마을

데면데면 계면쩍은
엷은 옥색 치마 갈아입는
어린 딸을
이젠 다 잊었어라

고단한 허리 숙여
긴 밭고랑 사이를

꿈에나 걸어보는

생기 잃은 눈망울도
이젠 다 잊었어라

자연 속에

바람아!

너는
내 님의 호흡
그 숨으로 내 속에 남아

소유로 존재로 살아나거늘

아름답다 노을로 남아
나뭇잎 돌 틈으로 스며들고

교훈이다 지혜다
맑은 물로 하늘로 살아난 나는

오늘은
땅입니다

아픈 어제가
기쁜 오늘로 살아난 자연입니다

너의 바람으로
애타고 춤추다가 하늘도 버린
자유입니다

열매를 탐하는
나는 영혼입니다

바람꽃

얼음 내려 구들장
계곡 언저리

나직이 봄이 깨지는 소리

마른 잎새 사이
어느새 치 내미는 숨소리

동면하던 씀바귀 늦잠 벗고
나팔은 환한 웃음으로 세월
나는 하모니 바람으로 꽃

그
숨죽인 통곡이
개척의 꿈이라
되살아난
너의 이름이라

그을린 가슴에 돋아난 젖꼭지

입술의 유혹에 내어주고

누가 너에게 책임이라
물어도
바람이 바람을 훔쳐 온
꽃이라

하라

政治

입만 열면 거짓말
바른 제도를 향하지 않고
가진 자로 남기만을 향하여
치열한

민중은
거짓을 먹고
국가는
거짓을 낳고

코미디와
헤픈 어젯밤의 스토리

가장무도회

공기의 본질

진정한 꽃망울
매달린 뿌리

물이라
이슬이라
안개라

흩어지는 인생

꽃이라 이름 불러
살아내는
세월이라

환갑

두 번째 맞는 세월부터 서야
아침을 알 수 있습니다

첫 번째 세월의 아침은
알 수 없이
그냥 지나갔지요

덤이라지만 알곡 중의 알곡입니다
같은 잘못 반복하지 않게
흔적이 가르침으로 남고
채 아물지 않은 상처가 약이 되어

궁상 없이

두 번째 맞는 세월부터 서야
아침을 알 수 있습니다

첫 번째 세월의 아침은 알 수 없이
그냥 지나갔지요

사람이 사랑이다

나는
사랑을 모른다
아파야 할 가슴이 없으니
사랑도 없다

아파야 슬퍼야
사랑이라는데

상처 나 터지고 멍들어 아프고
피눈물이 목젖을 막아 가슴 쥐어짜게 슬퍼한 적 없이
찡하게 코끝을 스치는 것만으로는
사랑이 될 수 없으니까

명줄을 걸고 승부를 거는 것이
사랑이다
생명 다할 때까지 믿어주는 것이
사랑이다

세상 사람이 모두 미워지고

내가 한없이 초라해지는 날도 없이
사람 살아가는 세상을
말할 수 없다

죽도록 사랑하며 살아가는 존재
죽음으로 사랑을 말하는 존재

사랑함
그 자체
주님이 하신 일
마침내 사람이 되신 일

그래서 사람이
사랑이다

주님의 날
사람의 날

사랑의 날이다

늙은이의 기도

주님!

주님께서는
제가 늙어가고 있고 언젠가는 정말로 늙어버릴 것을
저보다도 잘 알고 계십니다

저로 하여
말 많은 늙은이가 되지 않게 하시고
특히 아무 때나 무엇에나 한마디 해야 한다고 나서는
치명적인 버릇에 걸리지 않게 하소서

모든 사람의 삶을 바로잡고자 하는 열망으로부터
벗어나게 하소서

저를 사려 깊으나 시무룩한 사람이 되지 않게 하시고
남에게 도움을 주되 참견하기를 좋아하는
그런 사람이 되지 않게 하소서

제가 가진 작은 지혜의 창고조차 다 이용하지 못하는 건

참으로 애석한 일이지만
저도 결국엔 친구가 몇 명 남아 있어야 하겠지요
끝없이 이 얘기 저 얘기 떠들지 않고
곧장 날아가는 날개를 주소서

팔다리 허리 머리
내 고통은 해마다 늘어나고
위로받고 싶은 마음은
나날이 커지고 있습니다

다른 사람의 아픔에 대한 얘기를
기꺼이 들어주도록
인내심을 주소서
참아줄 수 있도록 도와주소서

제 기억력을 더 나쁘게 하여주시되
겸손한 마음을 주시어
제 기억이 다른 사람의 기억과 부딪칠 때
혹시나 하는 마음조차 내려놓게 하소서

내가 가끔 틀릴 때 틀린 것을 몰라도 좋게 하소서
적당히 착하게 하소서

저는 성자까지는 되고 싶지 않습니다
어떤 성인들은 더불어 살기가 너무 어려우니까요

심술궂은 늙은이는 그저 마귀의 자랑거리가 될 뿐입니다

제가 점점 어두워져 결국 아무것도 볼 수 없게 하소서
뜻하지 않은 곳에서 선한 것을 보는 것도
뜻밖의 사람에게서 악한 것을 보는 것도

그저 뜻 없이라도
감사하다
감사하다
기도하게 하소서

광야

내려오십니다

'만나'입니다
'일용할 양식'입니다

이게 무엇이냐?
물으실 때
횡재한 아담이 됩니다

이것은 내 몸이다
받아먹어라!
하실 때

나는 생명이 됩니다
사랑이 됩니다
평화가 됩니다

기꺼이 짊어진

십자가입니다
모퉁이 돌입니다

부활입니다

아멘

아버지
하늘을 쳐다보느라
제 발이 헛디디지 않게 하소서

헛디디지 않을까 조심하느라
하늘을 잊지 않게 하소서

항상 하늘을 바라보되
한 걸음 한 걸음
정성을 다해 걷게 하소서

제 걸음걸음이
하나님과 함께 걷는 걸음이게 하시고

그 걸음이
천국임을 알게 하소서

제 눈을 뜨게 하시고
이 땅이 천국이고

지금이 영원이며
이생이 영생임을 깨닫게 하소서

겨울의 강

차가운 세월이
길을 멈추고 눕는다

철새에게
이불을 내어주고

잠을 깨어 세수하는
명경이다

뒤섞여 맑아진
경건이다

자족의 손 너울로
외치는 산이다

제3부

죽음의 문제

죽은 자에게 죽음은 의미가 있을까?

산 자에게 죽음이 가늠 안 되는 무게다

죽은 자는
산자를 원망할 자격도 없으므로
원망하게 욕하고 저주하게
놔두어라

살려는 몸부림이라고 여겨라

살아있는 것이 독기도 뿜는 것
살기도 살아있는 것이 품는 것

그래서
죽음은 결국 산 자의 몫이다

장례는 죽은 자에게 맡기라는 말씀

죽음의 세계는 하나님 소관이라는 말씀

성탄 예찬

낮고 천한 구유
내 마음을 구유로 만들면
그분이 내 마음에 오신다

깊어가는 겨울밤
차디찬 마구간

왜 그곳으로 오셨을까

항상 낮은 곳에
있으라는

삶은 언제나
고단하다
마구간처럼

사명을 다하려는 저는 사람입니다

언제나 그렇듯 누구나 지치고 초라한 사람,

남자입니다

나의 마음 구유같이 존재할 때

구유는

거룩한 생명이 시작하는
복의 근원

강복(降福)의 자리
탄생의 신비

비명(悲鳴)

살려주세요!
누구 없소!

아이고
하나님!

산 자의 목소리
살고 싶은 자의 목소리
살아있다는 목소리

슬프고 아프고
곧 죽을 것 같다는 소리

조용한 자
그래도 웃고 있는 자

말 없고
아프지 않고
슬프지도 않은 자는

生命 不在다
非命이다

유월절

새벽은 어린 양을 먹는다

재앙을 벗 삼는다

이방인을 훈계한다

보름달이 피를 흘리는 날

누룩 없는 빵을 준비해야 한다
누룩으로 꽉 찬 내 하루

액을 먹고 견디는
성신
절대 악을 막아선
만찬

옥합을 깨뜨린
여인의 성수를 기다리는

누룩으로 꽉 찬 나의 하루

슬퍼하는 자, 복 있다

세상을 만드신 분
그리고 좋아하신 분

하지만 그 세상을 보고 슬퍼하시는 분
그 슬픈 세상을 바라보며
슬퍼하는 자가 복 있다 하신 분

슬픈 세상을 만들지 않았는데
세상이 슬프게 변해버린 이유를
슬퍼하지 않는 자에게 돌리시는 분

인생은 가만 보면 슬픔 예찬

슬퍼하지 않고는 살 수 없는 세상
슬퍼할 수밖에 없는 세상

슬프지 않은 곳 없는 세상

슬픔을 만드는 자 화 있으라!

슬퍼하는 자 복 있으라!

모두가 슬프고
모두가 아프다
슬픔을 슬퍼할 때 슬픔은
진실하다

가난한 곳에서 슬퍼하는 자
억울한 곳에서 슬퍼하는 자
억눌린 자를 보고 슬퍼하는 자
병들고 갇힌 자를 보며 슬퍼하는 자

그런 자에게 복 있으라!

어떻게 살아야 하는가

삶의 가치를 생각하는 날이다

삶이 가치 있는 것이라는 확신이 드는 몹쓸 날이다

내가 하나님으로부터 온 가치 있는 존재라는 확신이
나의 믿음입니다
그러므로 믿음의 본질은
산을 옮기고 아들을 살리고 부활의 기쁨

하나님을 바라는 것 하나님을 향하는 것
어린 양을 바라보라는 그 말씀

하나님으로부터 존재되어진 우리는 하나님을 믿는 존재, 믿음의 존재입니다

그래서 우리는 신자입니다

의인은 믿음으로 살 것이라
믿음의 존재였던 우리는 의인으로 만들어졌던 우리는

그러나 타락합니다

매일 불의함에 빠집니다
매일 하나님을 세상에 넘겨줍니다
매일 하나님 나라를 세상 권세에 빼앗깁니다
매일 죽 한 그릇에 장자권을 팔아넘깁니다
매일 진리를 거짓에 넘겨줍니다
매일 죄 가운데 빠집니다

절실한 하나님

하늘이여
무심하지 마소서
임마누엘 마라나타!

창조

해는 물을 먹고
물이 날아오른다

아침이 솟아오른다
어느새 하늘까지

빛은 어둠에게
하루를 돌려준다

저녁이 되고
아침이 되니
어느새 바닷속까지

엿샛날이다

긍휼(矜恤)

낮춤으로 높임에 이르고
올라설수록 낮아지는 이치

더 많은 아픔이 보이고
슬픔으로 기쁨에 이르는 자

겸손으로 도도하고
염치와 벗하므로
수치와 함께 하는 자

가난으로 거룩하며
배고픔으로 부유하고
조롱당해 배부른 자

하늘의 자랑이 되게 하소서

지금
창으로 찔려
피 흐르는 가슴으로

형상과 우상 (창 1:26)

만드시고 보시기에 좋았다 하시는데

그런 우리는 십자가를 형상으로
만들어놓고 보기에 우리끼리 흡족하다

형상과 우상의 차이
하나님은 형상을 만드시고
나는 우상을 만든다

고난과 희생의 십자가는 바꿀 수 없는 황금

기도가 빌고 비는 일인 우리는
병 낫게
사업 성공하게
자녀 잘 되게 빌고
무사고를 빌고 돈 더 벌게 욕심을 빈다

나를 위해 오늘도
또 죽어주시라고

주님께 협박을 한다

기꺼이 사랑이라는 이름으로
이단이 되고
우상이 되어주신다

피멍 든 눈물

저녁이 되고 아침이 되니(창 1:31)

바람이 분다
하나님으로

일하시는 하나님
일하심으로 처음을 열고
저녁과 아침을 맞는다

우주를 만드시고
빛과 어둠
낮과 밤
하늘과 땅
해 달 별과 동식물
남자와 여자

복이 되고
삶이 되고
생애다

죽음이 되고

부활이 되고
하루다

안식이 되고
생명이 되고
돌봄이다

저녁이 되고 아침이 된다

處暑

아직 머물러 있는
더위가

방심하지 말라!
경고의 말씀!

가는 곳마다 더위라는
복병이

당신의 이치
세월

태초에

만들어
이름을 불러주시고
보시기에 좋았다 하신다

그건 현재의 우리의 삶이 되었건만

따순 물이
좋아지는 가을이다
그래서 가을은 겨울 편이다
내 생각이다

저녁이고 아침이고
멋지고 맛있고
복이다

다만
그분의 숨결을 추억한다

첫째 날

빛이 있으라 하시고
빛과 어둠 나누고
낮과 밤이라 부르시던
숨결을 추억한다

둘째 날
물 가운데 궁창이 있는데서 물과 물을 나누고
궁창을 만들어 궁창 아래 물과 궁창 위의 물로 나누시고
궁창을 하늘이라 부르시던

셋째 날
천하의 물이 한곳으로 모이고 뭍이 드러나
뭍을 땅이라 부르고
모인 물을 바다라 부르시던
땅은 풀과 씨 있는 채소와 나무를 내라 시던

넷째 날
하늘 궁창의 광명체들로 징조와 계절과 날과 해를 이

루라 땅을 비추라 큰 광명체는 낮을 주관 작은 광명체는 밤을 주관케 하시고 별을 만드시고 땅을 비추게 하시던

   다섯째 날
   물들은 생물을 번성케
   하늘 궁창에 새가 날으라
   바다짐승과 물의 모든 생물 모든 새를 창조하시고
   복을 주시고 생육 번성 충만 번성하라시던

   여섯째 날
   땅의 생물을 종류대로 가축과 기는 것 땅의 짐승을 만드시던
   하나님의 형상과 모양대로 사람(아담)을 만들고
   모든 것을 다스리게 하시던
   남자와 여자를 창조하시고 복을 주시며 생육 번성 충만하라 정복하라 다스리라
   씨 있는 채소와 열매 모든 나무가 먹거리가 되리라 하시던
   짐승, 새, 기는 모든 것에게 모든 풀을 먹거리로 하시던

그분의 숨결을 추억하는
태초에

보시기에 참 좋았다(창 1:31)

'멋있다'라는 말이다
겉만 멋있다는 뜻이 아니다

만든 자가 만족하여 뿌듯하다는 뜻
만든 자만 진정 그 맛을 아는

실수 없이 다시 손볼 일없이
잘 만들었다는 뜻

만든 것을 후회하지 않는다는 뜻
당신의 모습
자화상이다

하여 회개하라 매번 외치신다
너를 포기하지 않겠다는 외침이시다

흡족하셔서
참 좋으셔서
너를 사랑한다 고백하는 외침이시다

하나님 소유(눅 15:11-32)

내 것이 다 네 것인데 왜 소유를 나누어 달라느냐?

나는 작은 아들입니다
받은 재산을 모두 탕진한 아들입니다
아버지에게 받은 만큼 그 한계 안의 탕진을 하던
그리고 결국 아버지께 돌아오는

내 맘대로 살겠다며 길을 떠난
하나님을 잃게 되는 슬픔을 뼈로 느낀

그때에 이르러야
다시 돌아올 수 있는

하나님의 것이 다 내 것이라는 것을
뼈로 느낀
우리는 모두 작은 아들입니다

하나님을 닮은 자

인간답다는 말이 있다
인간다운 인간을 지칭하는가?

하나님 닮은 자를 사람이라 부르자!
성경이 기록한다

하나님을 닮아야 인간답다
인정이다

성령 충만은 말씀 충만
―사랑이다(막 4:1-20)

알아야 이해하고

이해해야 받아들이고
수용할 수 있어야 용서할 수 있다

용서할 수 있을 때 희생할 수 있다

'사랑의 예술'이다
'사랑의 예수'다

예수는 씨 뿌리는 농부

사랑
말씀
복음

믿음 없는 자
돌아서지도 용서받기도 거부하는 자

성령이 충만한 자
좋은 땅에 뿌려진 씨는
말씀을 듣고 품어서
생각지도 못한 큰 결실을
맺는 사람이다

하늘의 소리(막 1:9-20)

내 사랑하는 아들아!
내가 너를 좋아한다

때가 찼다
회개하라
복음을 믿어라
나를 따르라

너의 욕심으로 세상을 만들지 말고
모두가 좋은 세상을 만들자
태초는 그렇게 말씀하시고

순종이 피보다 진하다

하나님의 뜻에 순종하는 사람이
내 형제요 자매요 어머니다

창조주에 대한 바른 믿음
구원주에 대한 바른 소망

오직 사랑

사랑에 순종하는 자
형제요 자매다
어머니다

피보다 사랑이다
제사보다 용서다

둔갑하다

거룩하다는 모습

참으로 안타깝다

무지함을
거룩으로 둔갑시키고

오해를 신앙으로 쌓아 올려

도덕적 가치조차 감각적 평가로 정죄하는
그것은 누구 탓인가?

화평하게 갈등도 분노도 없이 사는 일
예수님이 원하진 않으실 텐데

아픔이 너무 크다
표현할 수 없는 아픔

하염없다

죽음이 가까이서 손짓을 할 때
눈물이 그렇게 많이 흘렀을 때

예수님을 보게 되겠지
차라리 흐르는 눈물에 맡겨보자

어떤 날의 기도

날 선 성령의 검으로
찢겨진 심령을
드립니다

자복하고 참회하는 심령
갈급하고 애통한 심령
가난하고 청결한 심령을

일흔 번씩 일곱 번까지 용서하라 하신

십자가의 도를
좁고 협착한 길을
찢겨진 심령이어야만 따를 수 있는

머리 둘 곳 없는 나그네로 살게 하소서
그런 믿음과 용기 주소서

재물도 번제도 기뻐하지 않으시는
하나님께 드립니다

일흔 번씩 일곱 번까지 용서하라시는

심령이 찢겨지는 아픔을 참고라도
용서하는 진심이어야
하늘나라
라고 하십니다

어쩌다
찢겨진 심령을 드립니다

살라 살아내라 : 生命

생명이신 하나님께 경배합니다

오늘도 살라 살아내라 살리라는 명령
생명입니다

하갈의 눈을 밝히시어 생명의 물을 찾게 하여 주신 주
예배하는 우리 눈을 밝히시어 성령의 열매를 찾게 하시는 주
그리스도인으로 살아가는 복
내려주시길 원합니다

재물도 번제도 받지 않겠다 하신 주님

살라는 명령에
떨리는 심령을 드립니다

제4부

핑계

힘없는 놈이
핑계 대는 것이지

힘센 놈은
핑계 댈 필요가 없지

권한도 빵빵한 게
핑계 대면
존나! 멋지냐?

개가 웃는다!!

개뿔

정의라 쓰고
개뿔!

우리는 돈이라 읽는다

양심이라 쓰고
얼어 죽을!

우리는 내 맘이라 읽는다

공평이라 쓰고
낯짝 두껍게!

우리가 남이가! 이러는 거지

노동이라 쓰고
적반하장!
기득권

평등이라 쓰고
무차별!
무자비

자유라 쓰고
제멋대로!
내 편 고르기

내로남불!
싫은 놈이야 싫은 놈

가난이라 쓰고
뻔뻔하게!
장애라 읽는 거지

품꾼의 기도
―목사 안수의 辯

눈물을 밟고
다시 서서

저녁을
아침으로
맞이합니다

꽉 찬 하루 12시간보다
끝에 걸린 1시간으로
응답합니다

부름받은 품꾼으로
매일을 고백하겠습니다

저녁 눈물이
아침 눈물을
씻어주도록

주님만이 기쁨입니다

주님만이 충만입니다

온통 아픕니다

한 번의 거짓도 용서할 수 없어
이미 더럽혀진 세상

목숨 걸고 질타하시네
그렇게라도 일깨우셔야 했는지
살아있는 우리를
부끄럽게 하는 당신은

다 이루었다 하신
그리스도의 마지막 말을
여러 번씩 연상케 합니다

인간사 부끄러운 일들밖에 없는 내가
죽음으로 말한들 믿지도 않을 세상이지만
그런 마지막 선택조차 감히 상상 못하고
살아가는 필부는 가슴이 먹먹합니다

진심을 죽음으로 말하면
세상이 변할 수 있다는

믿음보다 큰 고통을 초개같이 수용하시니
평소에 세워놓은 높은 뜻
이렇게 큰 상처
큰 울림으로
사정없이 후려치십니다

거짓된 세상에서 그나마
살아갈 수 있는 이유를 때때로 만들어주신 당신
약한 자들이 좋아하는 당신

거짓없이라는 가치 하나를 위해
거짓된 세상을
차라리 배신하라 하시는지

너무 힘듭니다 너무 아픕니다
피 멍든 세상을 어찌 스스로 품고 살지
참으로 큰 상실입니다

　- 2018. 7. 18 노회찬을 애도하는 시

환갑을 맞으며

풀 한 포기
시들은 꽃잎
수줍게 흐르는 시내
이제는
삶의 이치를 말하고 싶네

누군가의 빈곤으로
나는 풍요를 맛보고
누군가 병들었을 때
나는 건강했네

누군가의 슬픈 눈물이
내게는 기쁜 일이 되기도 했던

내게 좋은 일만 있으면
남이 나쁜 일만 수발하는 이치를
알게 되기까지

60년 세월이 흘렀네

인생은 zero sum이라
얼마나 더 살아야
총량의 때를 만날까

공평하신 분의
공평의 이치를 깨닫느라

60년 세월이 흘렀네

端(YHWH)
—오늘은 땅

가장자리
경계
실마리
시작이며 끝
처음이며 마지막

순간을 살라 영원이다

영원을 살라 순간이다

산이 보이나
산이 다가 아니다

산을 이어
들이
강이
평평하게 바다로 이어진다

끝이 보이나

끝이 다가 아니다
시작이다

端이다

異端은 없다
誤端이다

다른 하나님은 없다
잘못 이해한 하나님이다

오늘은 하나님의 날이다
땅이다

복음

아들을 낳고

하나님을 낳고

사람을 만들어

사랑이라

어린아이처럼
양 떼같이

사람들 속의
하나님이다

근원의 시간

하늘에서
세상으로 보내진 때

늘 깨어서 하늘의 뜻을 찾고
행하려는 믿음의 때

땅의 예식에 기쁨으로 동참하여
축하와 기도로 응원하는 때

믿을 만한 모든 때

성부, 성자, 성령이
사람의 때로

고생, 희생, 영생을 주신다

春葉의 독립선언

시작의 몸부림일까?

끝이 아닌 준비의 신호라 해도
뒹구는 모습이 처량타

희생 품고 소생으로
찬바람 눈보라 보듬어

기다림과 염원이
하늘 선 나란토록
어깨 하여

기울어진 세상
흩날리듯 속삭이더니

어느덧
땅에 천착한 거름이 되고

작은 씨앗의 혼인 잔치로

초대한다

생명의 숨이 바닥을 덮고
날아오르는 입김마다

꽃이라 별이라
손을 흔든다

살아보니

세상 살아보니
이제서야 알게 된다
세상이 악하고 추하다는 것을

악하고 추한
시궁창이면서
냄새조차 고약한 곳이라는 것을

그래도
연꽃 뿌리내린 비밀이 있어
오염되어 그마저 살 수 없는
썩지 않는 연못보다
살만한 곳이라는 것을

그러할지라도
쌍욕 하여 삭인 분노
낭만이라 허허하지 못하면

썩지 않게 살아보려

그렇게
살아온 날들이 더 부끄러워

그나마
살아갈 용기조차
잃어버릴 것이므로

아파야 사람이다

아파야 할 가슴이 없으면
삶이 없다

아파야
슬퍼야 사람이니까

터지고 멍들어
피눈물이 목젖을 막아

쥐어짜는 찡함이
어느새 눈물샘을 넘을 때

승부를 겨루고
명줄 거는 믿음

사랑이다

증오의 벽이 쌓이고
한없이 초라한

내 모습이 보이면

사람이다

죽도록 사랑하며 살아가는 존재
죽음으로 사랑을 말하는 존재

마침내 사람이 되는 때
다시 삶이다

그런 사람들

나 어릴 때

있는 듯
없는 듯
남아있는

잊을 수 없던 사람

모두가
그런 착한 사람들이었다

커보니
여기
저기
보이려고 애쓰다
지친 사람들

그런 외로움이 가득하다

소리 질러
몸짓으로
살아있다 외치는 사람들

그렇게 떼쓰는 모습만
살아있다

봄바람

울컥!
벚꽃이 올라온다

밤새 생긴 일이다
봄비를 맞고 벌어진 일이다

꽃이 되는 일이다
어둠을 밝히는 아침을 벗하고

새벽하늘 눈물을 맞으며
울컥 치미는 슬픔이다

소리 없는 조잘거림이 나뭇가지 잔뜩 퍼지는
한 아름 동산에

홀로 흐르는 아리랑이다

좋은 날

꽃이 올라온다

참았던 울음이 터지듯
아침 냉수 한 모금 삼키듯

잔뜩 굽은 등허리를 타고
살얼음으로 버틴다

병아리 잠에서 깨어
핏덩이 채 바람을 안고

어제보다 오늘이다
내일 아닌 오늘이다

텃밭에 마늘 새싹 오르듯
잠긴 곳간 아침을 맞듯

오늘이 올라온다

오늘의 일

안부를 묻고 안부를 답한다

우리에게 삶이란
서로 안부를 묻고 답하는 일이다

오늘도 잘 살라고
오늘도 잘 살았냐고 전하는 일이다

눈물이 흐른다
아파서 슬퍼서 반가워서

아니다
그냥
영혼이 자아낸 몸짓이다

뜻을 세우는 일이다
뜻을 전하는 일이다

높으신 뜻이다

의미를 기억하는 일이다
기억을 전하는 일이다

오늘의 일이다

항아리에 물을 채워라

항아리 끝까지
물을 채웁니다

하나님 모습이 떠오릅니다

회개를 채웁니다
믿음을 채웁니다

완전케 된 율법입니다
다 이룬 사랑입니다
아버지의 나라입니다

떨어지지 않는 포도주가 됩니다

빚을 탕감 받았습니다
죄를 용서
받았습니다

구원입니다

영생입니다

오늘 항아리에 물을 채우는 일
입니다

어머니 말씀

착하게 살아라!

그래도 지지는 말아라! 하시던
어머니가 보고 싶습니다

이기지 못해
늘 지고 살아온
지금은
내 나이 예순다섯입니다

나는 알아듣지 못한 그 말귀를
이제는
누군가에게
품앗이해야 하는

그 나이입니다

나리포 우체국

갯물 밀려와 닿은
소식 알리고

민물 내려와 고인
안부 전하여

예부터 오가는
인정 쌓인 곳

주고받아 나눔의
씨 뿌린 터전
나리 포구 한자리에

편지의 세월이
기억으로 소곤대는

나포 우체국이다

승천의 계절(믿음의 계절)

너무해서 싫을 만큼
화사함

잡아두고 싶은
욕심 버력

허공에 그려내는
세월

속아서 행복한
흩날리는 윤회인가?

나무로 자라나서
꽃으로 피고 지면

잎으로
부활하는 4월

살고 죽음이

죽어야 사는 세상으로

믿음의 계절
봄이다

2024.04.17. 꽃잎을 보며

四月의 아침

엷은 녹색이
진달래 먹은 4월

야트막한 산은
빨갱이 되고

큰 산 위로
팔 벌리면

송홧가루
눈물로 흐르는

파란 하늘이 열린다

먼 하늘이
조심스레 다가서고

마침내
왕창 울어버린 하늘이

붉은 산을 삼킨
신록을 토해내고서야

세상이 제모습을
찾는다

빼앗긴 마음을 찾는다

| 해설

나리포창에서 만난 예수

나문석(시인)

황인수 시인이 구축한 시의 공간 속 예수는 그의 배후이기도 하고 진리의 무한 원점이기도 하다. 시인은 예수와 나의 삶에서 무수히 고뇌하는 모습을 보이나 마침내 성령을 통해 하나님과 가난한 백성을 결합하여 자신의 정체성을 찾기 위해 끝없는 사유의 세계를 펼치고 있다. 특히 나리포창은 과거를 반성하고 회개하는 시인의 상징적 장소이기도 하지만 또 다른 이유로 나리포창은 조선시대 구휼미를 저장하던 창고의 하나로, 특히 경종 2년 섬나라인 제주도의 기근을 구제하기 위해 설치한 포구이자 시장으로 역사적 의미를 담고 있는데, 시인에게 있어 이곳은 다섯 개의 떡과 두 마리의 물고기로 오천 명을 배불리 먹인 예수의 기적 형태는 아니지만 나라에서 굶주린 백성을 구하기 위해 만든 창고이

기에 기독교적 정신과 일치하는 부분으로 나리포창은
나눔의 상징적 장소이기도 하다.

    이 사람아!
    숨을 쉬고 살자

    얼다 터져버린 강가

    객기 부리다 무덤 파헤친
    나는 불효자입니다

    눈꽃이라는 이름도 아니었건만
    제 몸 비벼 내어주고
    석양 때면 날 울게 하더니

    집 나간 아이를 찾아 나선 눈가에
    묻은 석양이
    빨갛게 그녀를 물들였지요
    눈꽃이라는 예쁜 이름도 아닌데

    나리포창 작은 처마 끝에 매달린
    유년이면
    얼음장 밑 숨소리

산을

강을

들을 하나로 만들어 덮는

눈꽃이라는 그녀

불효자는 홀로 서 있습니다

굴뚝을 들고 나는 일로

늘상 분주한

고향 없는 텃새

나리포창 눈꽃이 시들면

우뚝 서 있는

남자가 있습니다

—「나리포창」 전문

"객기를 부리다 무덤 파헤친 나는 불효자입니다." 상당히 모호한 시의 부분은 파묘를 이야기한다. 그럼 파묘란 무엇인가? 무덤을 옮기거나 없애기 위해 봉분된 무덤을 걷어내고 고인의 유골을 수습한 뒤 비석이나 상석을 폐기하는 것이다. 그러나 시인은 파묘에 대한 구체적 해석이 없이 "객기 부리다"로 규정할 뿐이라 더 진정성 있는 그의 진술을 찾아보니 시 「죽음의 문제」에서 시인의 생각을 읽을 수가 있다.

죽은 자에게 죽음은 의미가 있을까?

산 자에게 죽음이 가늠 안 되는 무게다

죽은 자는
산자를 원망할 자격도 없으므로
원망하게 욕하고 저주하게
놔두어라

살려는 몸부림이라고 여겨라

살아있는 것이 독기도 뿜는 것
살기도 살아있는 것이 품는 것

그래서
죽음은 결국 산 자의 몫이다

장례는 죽은 자에게 맡기라는 말씀
죽음의 세계는 하나님 소관이라는 말씀
　　　　　　　　　　　　―「죽음의 문제」 전문

시인이 생각하는 죽음의 문제는 무엇인가? "죽은 자에게 죽음은 의미가 있을까?"라고 질문을 던지고 "산 자에게 죽음이 가늠 안 되는 무게다"라고 하면서 삶과 죽음의 차이를 고통의 무게를 짊어질 수 있는 자와 고통의 무게를 지고 갈 수 없는 자로 구분하고 있다. "죽은 자는 산자를 원망할 자격도 없으므로" 여기서 시인의 입장을 보며 잠시 이해가 안 될 수도 있다. 그러나 시인은 부르짖는다. 절망의 끝에서 살려는 몸부림이기에 그 몸부림이 독기를 뿜고 살기도 품는 것이기에 "죽음은 결국 산 자의 몫이다"라고 스스로 결정짓다가 결국 죽음의 세계는 하나님의 소관이라 한다.

그럼 앞의 「나리포창」에서 나온 "객기 부리다 무덤 파헤친 나는 불효자입니다" 이것은 부정적 사태인가? 긍정적 사태인가? 그 어느 것도 규정지을 수는 없지만 긍정적 사태는 기독교적 정신을 가진 시인의 유일신은 한 분이신 하나님이므로 다른 어떤 영적인 것을 섬기지 않는다는 종교적 이유로 파묘를 결정한다. 그러나 시간이 지나면서 긍정적 사태는 부정적 사태로 전환되고 있다.

어머니의 파묘로 인해 그의 무의식에는 어머니에 대한 죄의식으로 괴로워하다 "눈꽃이라는 그녀/ 불효자는 홀로 서 있습니다"라고 불효자란 멍에를 스스로 진다. 십자가를 지고 골고다 언덕을 향해 가는 예수의 뒷

모습처럼 시인은 홀로 파묘의 십자가를 지고 나리포창에 서 있다.

   바닥을 닦는다

   내가 흘려 더럽혀진 얼룩

   밟아서 묻힌 오물을
   엎드려 손걸레로 닦고
   또 닦는다

   허리도 오금도 저려오는데

   그대로다

   나의 바닥 끝내
   그대로이다

―「걸레질」 전문

  걸레질은 누구나 손쉽게 할 수 있으나 걸레질을 하는 바닥에 자신을 비추어 가면서 자신의 삶을 되돌리는 일을 하기는 쉽지 않다. 그러나 시인은 걸레질을 하면서 자신의 오류와 잘못으로 더럽혀진 바닥의 얼룩을 보게 된다. 황인수 시에서 바닥의 이미지는 마음이다. 마음에 묻은 얼룩은 작은 티끌이라도 마음을 더럽히는 오물로 자책하면서 마음자리를 닦고 또 닦는다. 걸레질은 시인이 수양을 하는 것이자 기도의 행위로 보인다. 그래서 바닥에 두 손을 모으고 허리도 아프고 오금이 저리도록 기도를 해보지만 결국 변하지 않은 자신을 보고 "나의 바닥 끝내 그대로이다"라고 고백하고 있다. 그래서 시인이 마주한 바닥은 하나님과 소통하는 장소이기도 하여 그는 다음 시에서 "하늘은 바닥"이라고 한다.

> 하늘에서 눈이 내린다
> 우리는 이렇게 얘기하는데
>
> 하늘 입장에선
> 눈이 하늘로 오르는 거잖아
>
> 눈이 사라진다
> 하늘로 사라진다
>
> 바닥이 보인다
> 길이 보인다
> 하루가 보인다

어쩌면

하늘은 바다

—「하늘은 바다이다」 전문

바닥을 닦으면서 바닥이 투명해지기를 바라는 매 순간 시인은 "하늘에서 눈이 내린다/ 우리는 이렇게 얘기하는데"라고 인간의 입장과 "하늘 입장에선 눈이 하늘로 오르는 거잖아"라고 한다. 그러나 그 순간도 짧기만 해 시인은 아쉬움에 "눈이 사라진다/ 하늘로 사라진다"라고 하지만 하나님이 보낸 구원의 빛은 짧기만 하여 시인의 기도는 날로 깊어지지만 눈이 내리는 날 여전히 바닥을 보면서 기도를 한다. "바닥이 보인다/ 길이 보인다/ 하루가 보인다" 시인은 여전히 밑바닥을 헤맨다. 헤매다 가난한 자들을 만난다.

아픈 사람

가을 같은 사람

누군가는 시원한 바람이라 부르는

배고픈 계절

고달픈 계절

물 한 모금 달게 마시는
행복한 자는

나를 어쩔 수 없이 쉬게 하시니
당신 없이 살 수 없게 하시니

결국 가난하게 하시니
고맙습니다

—「가난한 자」 전문

 인간의 삶에는 온갖 것들이 찾아와 정신을 억압하여 슬픔과 고통에 시달리며 살아가는 것처럼 보이기는 하나 자세히 들여다보면 인간들에게는 인간을 보호하는 보이지 않는 영적 신들이 있는 것 같다. 그것이 하나님이나 부처님 그리고 성모마리아나 태양신, 혹은 무속신앙으로 존재하고 인간들은 각자 선택한 신에게 의존하고 있다. 그러니 시인은 여러 가지 고통과 슬픔 속에서 바닥을 보게 되고 바닥에서 예수를 만나지만 흘러넘치는 물질적 풍요로움이 아니라 바닥으로 가라앉은 고요를 만나 기도의 평안함을 얻어 스스로 모든 고통을 헤쳐나갈 길을 보게 된다. 그것은 시인의 믿음이 견고하기에 가난과 고달픔도 물처럼 달게 마신다.

나는
사랑을 모른다
아파야 할 가슴이 없으니
사랑도 없다

아파야 슬퍼야
사랑이라는데

상처나 터지고 멍들어 아프고
피눈물이 목젖을 막아 가슴 쥐어짜게 슬퍼한 적 없이
찡하게 코끝을 스치는 것만으로는
사랑이 될 수 없으니까
명줄을 걸고 승부를 거는 것이
사랑이다
생명 다할 때까지 믿어주는 것이
사랑이다

세상 사람이 모두 미워지고
내가 한없이 초라해지는 날도 없이
사람 살아가는 세상을
말할 수 없다

죽도록 사랑하며 살아가는 존재
죽음으로 사랑을 말하는 존재

사랑함
그 자체
주님이 하신 일
마침내 사람이 되신 일

그래서 사람이
사랑이다

—「사람이 사랑이다」 전문

  인간은 동물의 본능적 행동과 구분되어 스스로 누군가를 선택하여 자유롭게 사랑할 조건이 주어진다. 인간의 가장 바닥인 무의식에 숨어있는 사랑, 조건 없는 사랑에 몸을 던져 불태우기도 하지만 시인의 사랑은 연인들의 사랑과 차원이 다르게 시인의 고정된 시선으로 사람을 어떻게 무엇으로 사랑해야 하는가를 사유하고 있다.
  그가 생각하는 사랑의 안과 밖의 실체는 무얼까?
  "나는/ 사랑을 모른다/ 아파야 할 가슴이 없으니/ 사랑도 없다"
  시적 정황으로 보면 사랑은 환상도 아니고 거짓의 은

유라고, 사랑에 의존하지 않은 시인에게 사랑은 넘어설 수 없는 벽 같은 존재였으나 운명적으로 만난 예수를 통해 사랑의 실체를 깨닫는다.

"죽도록 사랑하며 살아가는 존재/ 죽음으로 사랑을 말하는 존재/ 사랑함/ 그 자체/ 주님이 하신 일/ 마침내 사람이 되신 일"이라고 시인은 말한다. 사랑은 기독교적 시각으로 인간을 구원하기 위해 십자가로 희생한 사랑이다.

입만 열면 거짓말
바른 제도를 향하지 않고
가진 자로 남기만을 향하여
치열한

민중은
거짓을 먹고
국가는
거짓을 낳고

코미디와
헤픈 어젯밤의 스토리

가장무도회

—「政治」 전문

  독일 사회학자 막스 베버는 "정치가란 모든 폭력성에 잠재되어 있는 악마적 힘들과 기꺼이 관계를 맺기로 한 사람이다."라고 말한 적이 있다.
  막스 베버의 말처럼 우리 사회의 지배세력인 정치인들도 자본주의 시스템과 결탁하여 선거철만 되면 위선의 가면을 쓰고 거짓으로 표를 구걸하지만 어리석은 민중은 그 거짓을 독인 줄도 모르고 집어삼키는 일을 되풀이하고 있는 현실을 시인은 "입만 열면 거짓말/ 바른 제도를 향하지 않고/ 가진 자로 남기만을 향하여"라며 불가능한 공약 남발과 쇼맨십만 난무하는 코미디 같은 정치판과 군부독재에 저항한 수많은 학생들과 시민들의 희생을 잊어버린 정치인들은 부끄러움도 미안함도 상실한 채 자신의 이익만 추구하고 있음을 질타하고 있다.

    날 선 성령의 검으로
    찢겨진 심령을
    드립니다

    자복하고 참회하는 심령
    갈급하고 애통한 심령

가난하고 청결한 심령을

일흔 번씩 일곱 번까지 용서하라 하시는

십자가의 도를
좁고 협착한 길을
찢겨진 심령이어야만 따를 수 있는

머리 둘 곳 없는 나그네로 살게 하소서
그런 믿음과 용기 주소서

재물도 번제도 기뻐하지 않으시는
하나님께 드립니다

일흔 번씩 일곱 번까지 용서하라시는

심령이 찢겨지는 아픔을 참고라도
용서하는 진심이어야
하늘나라
라고 하십니다

어쩌다
찢겨진 심령을 드립니다

―「어떤 날의 기도」 전문

「어떤 날의 기도」에서 시인의 기도는 단순히 안과 밖이 아니라 안이면서 동시에 바깥도 아닌 하나의 심리적 거점이 된다. 또한 시인이 마주한 현실에서 느끼는 황폐함과 죽음의 허무에 대한 비애를 마주하고 벗어나려 몸부림을 친다. 그러다가 시인은 하나님을 만나게 되고 목사가 되어 그 모든 것을 안으로 끌어들이면서 그의 기도는 존재의 사유이고 시인의 지향처가 되나 시인의 기도는 시 속에서 은유나 비유가 아닌 현실의 선연한 행위로 서술되어 있다. 그리고 시 속에서 일곱 번이나 반복되는 시적 정황의 주체가 된 심령에는 절대적인 존재, 성령을 지향하고 있다.

"날 선 성령의 검으로/ 찢겨진 심령을/ 드립니다"에서 '성령의 검'은 십자가이다. 날 선 검은 죽음이다. 그래서 그가 바라보고 있는 예수는 십자가에 못 박혀 피를 흘리며 죽어가고 있다. 그 앞에 찢겨진 성령은 세상을 구원하기 위해 희생한 예수의 모습이기에 그것을 바라보는 시인의 아픈 마음은 이렇게 서술한다. "자복하고 참회하는 심령/ 갈급하고 애통한 심령/ 가난하고 청결한 심령을" 그러다 그는 십자가를 통해 용서를 부르짖는다. "일흔 번씩 일곱 번까지 용서하라 하시는"이라고 하는 그의 모든 시간 속 심령에는 용서만이 구원이 되고 있다. 이 시에서 시인의 진실은 기도를 말하려는 것이 아니라 기도로 성령에게로 나아가려는 심리적 궤적을 그리고 있다.

정지라는 말을 아세요?
잠깐 멈추라는 말 아니지요

새벽
아침 솥을 열던
여자가 내 가슴에 묻혔습니다

들판이 거칠군요
노을이 검어지는 시간

찬장에 넣어 둔
시큼한 하루를 꺼내
저녁을 차리던 여자

찬밥 한 덩이 얹힌
소쿠리 시렁
허기진 한술 떠 넣으라
언제나 바쁘시던

한 여름날
가쁜 호흡
진한 땀 한 줄기
마다 안 하시던

어디계세요?

잠자리 데우는
아궁이 재

늘 당신이 계시던
정지

—「정지」 전문

　시인의 시 세계가 기독교적 시 세계관이나, 또 하나 빼놓을 수 없는 것이 한국적 정서를 담은 어머니에 대한 시이다. 슬픔의 정서를 내재한 어머니의 모습은 시인의 눈물이 되어 어머니의 한을 씻어내고 있다. 그래서 시인은 어머니의 심장부인 「정지」를 시 안으로 가지고 들어온다. "정지라는 말을 아세요?/ 잠깐 멈추라는 말 아니지요" '정지'라는 말이 잠깐 멈추라는 말이기도 하다. 그러나 잠깐 멈춘다는 것은 어쩜 어머니의 모습이기도 하다. 어머니가 항상 계시는 정지간은 외부와

차단된 어머니만의 공간이다. 그 안에서 아궁이에 불을 지피고 밥을 하면서 모든 고뇌와 고통의 시름을 불에 태우면서 재가 된 어머니의 가슴을 알고 있는 시인은 "새벽/ 아침 솥을 열던/ 여자가 내 가슴에 묻혔습니다"라고 진술하고 있다. 그리고 자식과 남편에 대한 지극한 사랑이 들어있는 찬장 안에는 아침에 넣어 둔 어머니의 사랑이 발효되어 시큼한 반찬이 된다. "찬장에 넣어 둔/ 시큼한 하루를 꺼내/ 저녁을 차리던 여자" 그렇게 오래도록 정지를 지키던 어머니, 마치 죄라도 지은 듯 아무렇게나 걸터앉아 찬밥 한 덩이 물 말아 대충 드시던 어머니를 그리워하는 정서가 시의 곳곳에 묘사되어 있다.

착하게 살아라!

그래도 지지는 말아라! 하시던
어머니가 보고 싶습니다

이기지 못해
늘 지고 살아온
지금은
내 나이 예순다섯입니다

나는 알아듣지 못한 그 말귀를
이제는
누군가에게
품앗이해야 하는

그 나이입니다
―「어머니 말씀」 전문

갖은 풍상을 다 견뎌 낸 어머니는 공부를 많이 하지 않았어도 어머니가 살아온 경험이 지혜이고 교육이 된다. "착하게 살아라"라고 하셨지만 어머니는 무조건 착하기만 하지는 말라고 한다. 그 말은 착하고 당당하게 살아가라는 말일 것이다. 그래서 시인은 돌이켜 보며 어머니의 지혜를 깨닫게 된다.

갯물 밀려와 닿은
소식 알리고

민물 내려와 고인
안부 전하여

예부터 오가는
인정 쌓인 곳

주고받아 나눔의
씨 뿌린 터전
나리 포구 한자리에

편지의 세월이
기억으로 소곤대는

나포 우체국이다
—「나리포 우체국」 전문

  시에서 우체국은 조그만 마을의 풍경을 단단하게 잠가두고 있다. 그리고 시인이 자주 찾는 나리포의 우체국은 단순하게 소식만 보내는 장소가 아니라 "예부터 오가는/ 인정 쌓인 곳/ 주고받아 나눔의/ 씨 뿌린 터전/ 나리 포구 한자리에"라고 한다.

  이렇듯 나리포는 시인에게 꿈과 희망을 나누는 나눔의 상징이고 무덤을 파헤친 어머니에게 용서를 구하는 장소이기도 하다. 그리고 우체국은 과거의 상처들이 현재의 나와 상호의존적이면서 미래지향적인 시간을 창조해 타인의 고통을 보듬어주는 자로 거듭 나는 사유의 공간이자 어머니와 예수에게 삶의 근원적인 아픔과 기쁨의 소식을 전해주는 장소다.

황인수 시인은 목회자이다. 하기에 지나온 굴곡 많은 시간의 경험으로 핍박받고 고통받는 자들을 대변하는 시를 창작할 것이라 믿으며 첫 시집의 상제를 축하드린다.

어떤 날의 기도

2024년 6월 10일 초판 1쇄 찍음
2024년 6월 20일 초판 1쇄 펴냄

지은이 _ 황인수
펴낸이 _ 라문석
편집장 _ 김옥경
디자인 _ 장영도

펴 낸 곳 _ 도서출판 두엄
등록번호 _ 제03-01-503호
주　　소 _ (41969)대구광역시 중구 명륜로12길 21
대표전화 _ (053)423-2214
전자우편 _ dueum@hanmail.net

ⓒ황인수, 2024
ISBN 979-11-93360-09-5 (03810)

* 지은이와 협의하여 인지는 생략합니다.
* 이 책 내용의 전부 또는 일부를 재사용하려면 반드시 지은이와 도서출판 두엄 양측의 동의를 받아야 합니다.
* 책값은 뒤표지에 표시되어 있습니다.